Trainingsplanung für gesundheitsorientiertes Ausdauertraining

Alisa Johnson

Bibliografische Information der Deutschen Nationalbibliothek:

Die Deutsche Nationalbibliothek verzeichnet diese Publikation in der Deutschen Nationalbibliografie; detaillierte bibliografische Daten sind im Internet über http://dnb.d-nb.de abrufbar.

ISBN: 9783346657077
Dieses Buch ist auch als E-Book erhältlich.

Druck und Bindung: Books on Demand GmbH, Norderstedt Germany
Gedruckt auf säurefreiem Papier aus verantwortungsvollen Quellen

Das vorliegende Werk wurde sorgfältig erarbeitet. Dennoch übernehmen Autoren und Verlag für die Richtigkeit von Angaben, Hinweisen, Links und Ratschlägen sowie eventuelle Druckfehler keine Haftung.

Das Buch bei GRIN: https://www.grin.com/document/1223447

Einsendeaufgabe

Fachmodul:	Trainingslehre II
Studiengang:	Bachelor of Arts Fitnessökonomie
Datum Präsenzphase:	18.01.2021-20.01.2021
Matrikelnummer:	
Name, Vorname:	Johnson, Alisa-Josephine
Studienort:	**Stuttgart**
Semester:	**WS 2019**

Inhaltsverzeichnis

1 Diagnose

1.1 Allgemeine und biometrische Daten

Tab.1: Allgemeine und biometrische Daten der Kundin (eigene Darstellung)

Alter	38
Geschlecht	weiblich
Körpergröße	1,71 m
Körpergewicht	77 Kg
Trainingsmotive	Abnehmen
	Fitter werden
	Etwas für die Gesundheit tun
Berufliche Tätigkeit	Bürokauffrau
Aktuelle sportliche Aktivität	Kein Sport
Frühere sportliche Aktivität	Vom 20. bis zum 30. Lebensjahr 2x pro Woche
	Schwimmen für 30 min
Zeitlicher Verfügungsrahmen	3x pro Woche ca. 60 bis 90 Minuten
Blutdruck	137/87 mmHg*
Ruhepuls	73 S/Min
BMI	26,3 kg/m²
Orthopädische Probleme	keine
Internistische Probleme	keine
Ärztliche Behandlungen	keine
Einnahme von Medikamenten	keine
Sonstige gesundheitliche Einschränkungen	keine

* Millimeter-Quecksilbersäule

Tab.2: Klassifizierung der BMI-Werte (modifiziert nach der WHO,2000, S.9)

Klassifizierung	BMI , in kg/m²
Untergewicht	< 18,50
Normalgewicht	18,50 - 24,99
Übergewicht:	≥ 25,00
Präadipositas	25,00 - 29,99
Adipositas Stufe 1	30,00 – 34,99
Adipositas Stufe 2	35,00 – 39,99
Adipositas Stufe 3	≥ 40,00

Tab.3: Pulsnormwerte der deutschen Herzstiftung

	Puls in S/min
Neugeborene Babys	120-140
Kleinkinder	100-120
Ältere Kinder und Jugendliche	80-100
Erwachsene	60-80

Tab.4: Blutdruckklassifikation der American Heart Association (modifiziert nach Mancia et al. 2013, S.1286)

Bewertungsstufen	Systolischer Blutdruck, in mmHg	Diastolischer Blut- druck, in mmHg
	Normblutdruck (Normoto- nie)	
Optimal	Unter 120	Unter 80
Normal	Unter 130	Unter 85
hochnormal	130-139	85-89
	Bluthochdruck (arterielle Hypertonie)	
Stufe 1	140-159	90-99
Stufe 2	160-179	100-109
Stufe 3	>180	>110

Aus Datenschutzgründen wird in dieser Einsendeaufgabe für das fiktive Mitglied der Name Frau S. gewählt.

Vergleicht man die Blutdruckwerte von Frau S. mit den Normwerten aus Tabelle 4, so stellt man fest, dass Frau S. im Bereich eines hochnormalen Blutdrucks ist.

Der Ruhepuls des Mitglieds liegt mit 73 Schlägen pro Minute im normalen Bereich, wie man feststellt, wenn man die Werte mit den Normwerten aus Tabelle 3 vergleicht.

Wie Tabelle 2 zu entnehmen ist, liegt der BMI von Frau S. im Bereich der Präadipositas.

1.2 Leistungsdiagnostik/Ausdauertestung

Tab.5: Voreinstufung nach Ruheherzfrequenz und Lebensalter (modifiziert nach Trunz, 2001; IPN, 2004, S.4)

Alter / Hf Ruhe	< 20	20-29	30-39	40-49	50-59	60-69	>70
<50	140 S/min	135 S/min	130 S/min	125 S/min	115 S/min	110 S/min	105 S/min
50-59	145 S/min	140 S/min	135 S/min	125 S/min	120 S/min	115 S/min	110 S/min
60-69	145 S/min	145 S/min	135 S/min	130 S/min	125 S/min	120 S/min	115 S/min
70-79	150 S/min	145 S/min	140 S/min	135 S/min	130 S/min	125 S/min	120 S/min
80-89	155 S/min	150 S/min	145 S/min	140 S/min	135 S/min	125 S/min	125 S/min
>90	160 S/min	155 S/min	150 S/min	145 S/min	135 S/min	130 S/min	125 S/min

Tab.6: Voreinstufung unter zusätzlicher Berücksichtigung der Trainingshäufigkeit ausdauerrelevanter Aktivitäten (modifiziert nach Trunz, 2001; IPN, 2004, S:4)

Trainingszustand	Trainings- häufigkeit / Woche	Stunden / Woche	Pulsaufschlag
Kein Ausdauertraining	Kein einziges Mal	0 Stunden	Kein Aufschlag
Wenig Ausdauertraining	1-2 Mal	≤ 1 Stunde	Kein Aufschlag
Moderates Ausdauertraining	2-3 Mal	1-2 Stunden	Plus 5 S/min
Viel Ausdauertraining	3-4 Mal	2-4 Stunden	Plus 10 S/min
Sehr viel Ausdauertraining	>4 Mal	>4 Stunden	Plus 15 S/min

Bevor ein Ausdauertest mit Frau S. durchgeführt wird, wird Sie bezüglich ihrer Belastbarkeit voreingestuft. Bei der Voreinstufung spielen Alter, Geschlecht, Trainingszustand und der Ruhepuls eine Rolle.

Mithilfe dieser Voreinstufung kann die individuelle Zielherzfrequenz für den Ergometertest ermittelt werden. Wird die ermittelte Herzfrequenz erreicht, wird der Test beendet.

5

Anhand der Tabellen 5 und 6 wird für Frau S. eine Zielherzfrequenz von 140 Schlägen pro Minute ermittelt. Frau S. ist 38 Jahre alt und ihr Ruhepuls liegt bei 73 Schlägen pro Minute. Sie hat seit ca. 8 Jahren keinen Sport mehr getrieben und bekommt daher keinen Pulsaufschlag.

Der ausgewählte Ausdauertest ist ein submaximaler Fahrradergometertest nach dem Belastungsschema der WHO.

Da Frau S. seit ca. 8 Jahren keinen Sport mehr gemacht hat, kann sie als untrainiert und leistungsschwach eingestuft werden. Da der WHO-Test laut Eifler und Kettenis (2020, S. 66) „zur Beurteilung der Herz-Kreislauf-Leistungsfähigkeit von sehr leistungsschwachen Personen entwickelt" wurde, eignet er sich daher gut für die Kundin. Der Hollman-Venrath-Test wurde nicht gewählt, da für diesen Test laut Eifler und Kettenis (2020, S.69) „vor allem jüngere und trainierte Personen" geeignet sind, „denen eine Belastbarkeit von mindestens 150 Watt zugetraut wird." (Eifler & Kettenis, 2020, S.69). Aufgrund der mangelnden Trainingserfahrung und der langen Zeit ohne Sport, wird Frau S. keine solche Belastbarkeit zugetraut.

Tab.7: Allgemeine Daten zum gewählten WHO-Test (eigene Darstellung)

Testform	WHO-Test
submaximal	Ja
maximal	Nein
Pulsobergrenze	140 S/min
Abbruchgrenze	162 S/min
Eingangsbelastung	25 Watt
Stufendauer	2 Minuten
Belastungssteigerung	25 Watt
Trittfrequenz	60-80 U/min

Tab.8: Belastungstest mit der Kundin auf dem Fahrradergometer (eigene Darstellung)

Zeit (Minuten)	Watt	Hf 1 (S/min)	Hf 2 (S/min)
0 – 2	25	87	95
3 - 4	50	104	112
5 – 6	75	121	129
7 – 8	100	134	140
Watt gesamt	100		
Watt/ Kg	1,29		
Bewertung nach Normwerttabelle	1,29 Watt/Kg -> ☹		

Tab.9: Normtabelle für submaximale Radergometertests – Relative Watt-Soll-Leistung (Watt pro kg) bei Frauen (modifiziert nach IPN, 2004, S.8)

Alter --------- Intensität	< 30	30-34	35-39	40-44	45-49	50-54	55-59	>60	Bewer-tung
...	...	...	...	...	...	...	...	...	...
0,55	1,40	1,33	1,26	1,19	1,12	1,05	0,98	0,91	☹
0,56	1,45	1,38	1,31	1,23	1,16	1,09	1,02	0,94	☹
...	...	...	...	...	...	...	...	...	...
0,6	1,70	1,62	1,53	1,45	1,36	1,28	1,19	1,11	∅
0,61	1,80	1,71	1,62	1,53	1,44	1,35	1,26	1,17	∅
...	...	...	...	...	...	...	...	...	...

Wie man Tabelle 8 entnehmen kann, hat Frau S. 4 Belastungsstufen komplett durchfahren. Auf der vierten Belastungsstufe (100 Watt) hat sie nach der 2. Minute die Pulsobergrenze von 140 S/min erreicht und der Test wurde nach der 8. Minute beendet. Die Leistung der Kundin liegt bei 100 Watt. Daher ergibt sich eine relative Wattleistung von 1,29 Watt/ Kg Körpergewicht (100 Watt: 77 Kg).

Vergleicht man die Ergebnisse der Kundin mit den Normwerten aus Tabelle 6 für eine 38-jährige Frau, so stellt man fest, dass die Ausdauerleistungsfähigkeit von Frau S. im unterdurchschnittlichen Bereich liegt.

1.3 Gesundheits- und Leistungsstatus der Person

Da der Blutdruck der Kundin im hochnormalen und der Ruhepuls der Kundin im normalen Bereich liegen, ergeben sich hieraus für die Trainierbarkeit keinerlei Einschränkungen. Der BMI der Kundin liegt im präadipösen Bereich und Sie hat seit ca. 8 Jahren keinen Sport mehr gemacht, weswegen Sie als untrainiert und leistungsschwach eingestuft wird. Ihr Ausdauertest hat dies bestätigt und ergeben, dass ihre Leistungsfähigkeit unterdurchschnittlich ist. Sie ist dementsprechend eine Beginnerin im Ausdauertraining und es wird darauf geachtet Sie anfangs nicht zu überfordern und beispielsweise nicht mit zu hohen Intensitäten und Herzfrequenzen zu trainieren.

2 Zielsetzung/Prognose

Tab.10: Zielsetzung von Frau S. (eigene Darstellung)

	Inhalt	Ausmaß	Zeit
Ziel 1	Körpergewicht redu-zieren	5 Kg	12 Wochen
Ziel 2	Blutdruck senken	10 mmHg systolisch 5 mmHg diastolisch	12 Wochen
Ziel 3	Verbesserung der Wattleistung beim submaximalen Test	20 %	12 Wochen
Begründung 1	Da es ein Trainingsmotiv von Frau S. ist, abzunehmen und ihr BMI im präadipösen Bereich ist, ist eine Gewichtsreduktion das Ziel, so dass ihr BMI wieder in den normalen Bereich unter 25 kg/m² kommt.		
Begründung 2	Ein weiteres Trainingsmotiv von Frau S. ist es, etwas für ihre Gesundheit zu tun. Ziel 2 ist es also ihren Blutdruck in einen normalen Bereich zu bringen.		
Begründung 3	Trainingsmotiv 3 ist es „fitter zu werden", weswegen Ziel 3 eine Verbesserung der Wattleistung beim Ausdauertest beinhaltet. Ziel ist es hier in den durchschnittlichen Bereich zu kommen.		

3 Trainingsplanung Mesozyklus

3.1 Grobplanung Mesozyklus

Tab.11: Grobplanung Mesozyklus 1 (eigene Darstellung)

Mesozyklus 1	
Mesozyklusdauer	6 Wochen
Trainingszielsetzung	-Hinführen zum Minimalprogramm/Absolvieren des Minimalprogramms - Regelmäßiges Training (Ziel: 3-Mal pro Woche) - Aufbau der Grundlagenausdauer
Belastungsumfang / Woche	40 – 90 Minuten
Trainingsmethoden	Extensive Dauermethode (Ext. DM)
Trainingsintensitäten	60 – 65%Hfmax
Trainingshäufigkeit / Woche	2 -3 Mal
Dauer pro Trainingseinheit	20 – 30 Minuten
Trainingsgeräte / Bewegungsformen	Fahrrad , Laufband (Walking)

3.2 Detailplanung Mesozyklus

Tab.12: Detailplanung Mesozyklus 1 – Woche 1 (eigene Darstellung)

Woche 1	Mo	Mi	Fr
Tr.-Ziel	Hinführung zum Minimalprogramm	-	Hinführung zum Minimalprogramm
Tr.-Methode	Ext. DM	-	Ext.DM
Tr.-Intensität	60-65 % Hfmax	-	60-65% Hfmax
Tr.-Hf*	97 – 105 S/min	-	97 – 105 S/min
Tr.-Dauer	20 Min	-	20 Min
Tr.-Gerät	Fahrrad	-	Fahrrad

Tab.13: Detailplannung Mesozyklus 1 – Woche 2 (eigene Darstellung)

Woche 2	Mo	Mi	Fr
Tr.-Ziel	Absolvieren des Minimalprogramms	Absolvieren des Minimalprogramms	Absolvieren des Minimalprogramms
Tr.-Methode	Ext. DM	Ext. DM	Ext. DM

9

Tr.-Intensität	60 – 65% Hfmax	60 – 65% Hfmax	60 – 65% Hfmax
Tr.-Hf*	97 – 105 S/min	97 – 105 S/min	97 – 105 S/min
Tr.-Dauer	20 Min	20 Min	20 Min
Tr.-Gerät	Fahrrad	Fahrrad	Fahrrad

Tab.14: Detailplanung Mesozyklus 1 – Woche 3 (eigene Darstellung)

Woche 3	Mo	Mi	Fr
Tr.-Ziel	Absolvieren des Minimalprogramms Hinführung zum Aufbau der GA 1	Absolvieren des Minimalprogramms Hinführung zum Aufbau der GA 1	Absolvieren des Minimalprogramms Hinführung zum Aufbau der GA 1
Tr.-Methode	Ext. DM	Ext. DM	Ext. DM
Tr.-Intensität	60 – 65% Hfmax	60-65 % Hfmax	60-65% Hfmax
Tr.-Hf*	97-105 S/min	109 – 118 S/min	97-105 S/min
Tr.-Dauer	22 Min	22 Min	22 Min
Tr.-Gerät	Fahrrad	Laufband (Walking)	Fahrrad

Tab.15: Detailplanung Mesozyklus 1 – Woche 4 (eigene Darstellung)

Woche 4	Mo	Mi	Fr
Tr.-Ziel	Aufbau der GA 1	Aufbau der GA 1	Aufbau der GA 1
Tr.-Methode	Ext. DM	Ext. DM	Ext. DM
Tr.-Intensität	60-65% Hfmax	60-65% Hfmax	60-65% Hfmax
Tr.-Hf*	109 – 118 S/min	97 – 105 S/min	109 – 118 S/min
Tr.-Dauer	25 Min	25 Min	25 Min
Tr.-Gerät	Laufband (Walking)	Fahrrad	Laufband (Walking)

Tab.16: Detailplanung Mesozyklus 1 – Woche 5 (eigene Darstellung)

Woche 5	Mo	Mi	Fr
Tr.-Ziel	Aufbau der GA 1	Aufbau der GA 1	Aufbau der GA 1
Tr.-Methode	Ext. DM	Ext. DM	Ext. DM
Tr.-Intensität	60-65% Hfmax	60-65% Hfmax	60-65% Hfmax
Tr.-Hf*	109 – 118 S/min	97 – 105 S/min	109 – 118 S/min
Tr.-Dauer	28 Min	28 Min	28 Min
Tr.-Gerät	Laufband (Walking)	Fahrrad	Laufband (Walking)

10

Tab.17: Detailplanung Mesozyklus 1 – Woche 6 (eigene Darstellung)

Woche 6	Mo	Mi	Fr
Tr.-Ziel	Aufbau der GA 1	Aufbau der GA 1	Aufbau der GA 1
Tr.-Methode	Ext. DM	Ext. DM	Ext. DM
Tr.-Intensität	60-65% Hfmax	60-65% Hfmax	60-65% Hfmax
Tr.-Hf*	97 – 105 S/min	109 – 118 S/min	97 – 105 S/min
Tr.-Dauer	30 Min	30 Min	30 Min
Tr.-Gerät	Fahrrad	Laufband (Walking)	Fahrrad

*Erläuterung zu den Trainingsherzfrequenzen:

Die konkrete Trainingsherzfrequenz wird anhand der ACSM-Formel ermittelt (ACSM, 2006b, S.341):

Trainingsherzfrequenz = Hfmax x Intensität in %

Für die maximale Herzfrequenz wird beim Fahrradergometer die nachfolgende Formel verwendet:

Hfmax = 200 – Lebensalter

Und für das Laufband die Folgende:

Hfmax = 220 - Lebensalter

3.3 Begründung zum Mesozyklus

Begründung zum angestrebten wöchentlichen Belastungsumfang:

Zu Beginn des Mesozyklus wird 2 Mal pro Woche für 20 Minuten trainiert, was in Woche 2 auf drei Trainingseinheiten gesteigert wird, die Trainingsdauer von 20 Minuten bleibt. In der 3. Woche wird drei Mal für 22 Minuten trainiert und man hat jetzt eine Bruttobelastungszeit von ca. 60 Minuten (66 Minuten in diesem Fall). Die Kundin führt also nun das Minimalprogramm für das Ausdauertraining durch (Zintl & Eisenhut, 2001, S.137). Der Belastungsumfang wird pro Woche um 2 – 3 Minuten erhöht. Der Belastungsumfang wird dadurch langsam gesteigert, sodass die Kundin sich an das regelmäßige Training gewöhnen kann. Da sie leistungsschwach ist und seit mehreren Jahren keinen Sport gemacht hat, ist es wichtig sie anfangs nicht zu überfordern.

Begründung der Trainingsmethode:

Frau S. möchte nach eigenen Angaben mit dem Ausdauertraining etwas für ihre Gesundheit tun und da die extensive Dauermethode laut Büsch, Marschall und Olivier (2016,

11

S.158) gut für ein gesundheitsorientiertes Ausdauertraining geeignet ist, wurde diese Methode für den Mesozyklus gewählt. Des Weiteren wurde die extensive Dauermethode gewählt, da es ein Ziel von Frau S. ist ihren Blutdruck zu senken und mit der extensiven Dauermethode laut Gimbel (2014, S. 195) das Herz-Kreislauf-System ökonomisiert und die periphere Durchblutung verbessert wird. Mit der Wahl dieser Trainingsmethode bleibt die Belastungsintensität durchgängig eher gering.

Begründung zur Belastungsprogression:

Zur Erhaltung des Anpassungseffektes muss . . . die Belastung mit der Zeit progressiv gesteigert werden. (Zägelein, 2013, S.80)

Laut Zägelein (2013, S.80) kann man dies unter anderem durch Erhöhung der Trainingshäufigkeit und Erhöhung des Trainingsumfangs erreichen.

Innerhalb des ersten Mesozyklus wird die Belastungssteigerung nur über die Trainingshäufigkeit pro Woche und ab Woche 3 über den Belastungsumfang pro Woche erreicht. Prinzipiell gilt Häufigkeit vor Umfang vor Intensität, was bei dieser Planung berücksichtigt wurde. Durch die geringe Leistungsfähigkeit der Kundin muss sie erst an regelmäßiges Training herangeführt werden und um sie nicht zu überfordern, wird auch nur der Belastungsumfang langsam erhöht. Erst wenn Frau S. fähig ist, 2 bis 3 Trainingseinheiten in der Woche von 45-60-minütiger Dauer zu bewältigen, sollte man die Belastungsintensität erhöhen.

Begründung zu den angesteuerten Trainingsbereichen:

Zu Beginn wird das Gesundheits-Minimalprogramm angestrebt, da Frau S. untrainiert und leistungsschwach ist und erstmal an regelmäßiges Training herangeführt werden muss. Trotz minimalem Trainingsaufwand kann Frau S. gesundheitspositive Anpassungen erreichen ohne sich überfordert zu fühlen.

Im weiteren Verlauf des Mesozyklus wird der Aufbau der Grundlagenausdauer 1 (GA 1) fokussiert.

Das Ziel des Grundlagenausdauertraining 1 ist die „Entwicklung und Stabilisierung der Grundlagenausdauerfähigkeit und Vorbereitung der Verträglichkeit intensiver Belastungen" (Hottenrott & Neumann, 2016, S.132).

Der Aufbau der Grundlagenausdauer 1 dient somit als Grundlage für das weitere Training und ist somit wichtig für die Kundin.

Begründung der gewählten Ausdauergeräte bzw. Bewegungsformen:

Für Frau S. wurde für den ersten Mesozyklus unter anderem das Fahrradergometer ausgewählt, da sie Anfängerin ist und das Fahrradergometer ihr einen einfachen und bekannten Bewegungsablauf ermöglicht.

Die Belastung ist außerdem gut dosierbar und es ist eine fortlaufend progressive Belastung möglich (Erdmann, Gitt & Löllgen, 2010, S.7).

Um das Training abwechslungsreicher zu gestalten und so die Trainingsmotivation der Kundin zu fördern wurde als zweites Ausdauergerät das Laufband gewählt, auf dem Frau S. allerdings erstmal nur walken bzw. gehen wird.

Gehen bzw. Walken ist laut Haber und Tomasits (2006, S.22) „eine der einfachsten und natürlichsten Bewegungsformen".

Frau S. wird mit diesen beiden Ausdauergeräten zu Anfang also weder über- noch unterfordert und kann sich so langsam an ihr Training und verschiedene Bewegungsformen gewöhnen.

4 Literaturrecherche

Tab.18: Effekte des Ausdauertrainings bei Übergewicht/Adipositas – Studie 1 (eigene Darstellung)

Titel der Studie	Auswirkungen von Ausdauer und Ausdauer-Kraft-training auf die Endothelfunktion bei Frauen mit Adipositas: Eine randomisierte Studie („Effects of Endurance and Endurance-Strength Training on Endothelial Function in Women with Obesity: A Randomized Trial)
Wer hat die Studie durchgeführt?	Marzena Ratajczak, Damian Skrypnik, Pawel Bogdański, Edyta Madry,Jaroslaw Walkowiak, Monika Szulińska, Janusz Maciaszek, Matylda Kręgielska-Narozna & Joanna Karolkiewicz
In welchem Jahr wurde die Studie publiziert?	2019
Welche Forschungsfrage wurde untersucht?	Wie beeinflussen verschiedene Trainingsarten (Ausdauer-Kraft-Training oder nur Ausdauertraining) die Endothelfunktion, den Fettstoffwechsel

	und das Arterioskleroserisiko bei Frauen mit Adipositas?
Mit welchen Versuchspersonen wurde die Studie durchgeführt?	39 adipöse Frauen im Alter von 28-62 Jahren
Wie sah der Versuchsaufbau der Studie aus?	22 Frauen absolvierten reines Ausdauertraining mit einer Hfmax von 60-80% und 17 Frauen absolvierten 20 Minuten Krafttraining und 25 Minuten Ausdauertraining (60-80% Hfmax). Vor und nach der Invention wurden die vaskuläre Endothelfunktion (endotheliale Stickoxid-Synthase (eNOS), der vaskuläre endotheliale Wachstumsfaktor (VEGF), Thiobarbitursäure-reaktive Substanzen (TBARS), die Gesamtantioxidationskapazität im Blut (TAC), das Gesamtcholesterin, LDL-Cholesterin, HDL-Cholesterin, Triglyceride und c-reaktives Protein (CRP) sowie der viszerale Adipositas-Index (VAI) , die Gesamtkörperskelettmuskelmasse und der atherogene Index des Plasmas (AIP) bestimmt.
Welche relevanten Ergebnisse und Schlussfolgerungen lieferte die Studie?	Nach dem Training nahmen in beiden Gruppen das Gesamtcholesterin und die Gesamtkörperskelettmuskelmasse zu. In der Kraft-Ausdauer-Gruppe wurden niedrigere VAI, AIP, CRP und LDL-Cholesterin festgestellt. In der Ausdauergruppe sank die TBARS-Konzentration, die HDL-Cholesterin-Konzentration, sowie die eNOS Aktivität nahmen zu. Beide Trainingsprogramme führten zur Verbesserung des Fettstoffwechsels. Jedoch ausschließlich das Ausdauertraining alleine veränderte die Indikatoren der Endothelfunktionen günstig.

Tab.19: Effekte des Ausdauertrainings bei Übergewicht/Adipositas – Studie 2 (eigene Darstellung)

Titel der Studie	Auswirkungen von Ausdauer und Kraft-Ausdauertraining auf die Körperzusammensetzung und die körperliche Leistungsfähigkeit bei Frauen mit adominaler Adipositas („Effects of Endurance and Endurance Strength Training on Body Composition and Physical Capacity in Women with Abdominal Obesity")
Wer hat die Studie durchgeführt?	Damian Skrypnik, Pawel Bogdański, Edyta Madry, Joanna Karolkiewicz, Marzena Ratajczak, Jakub Kryściak, Danuta Pupek-Musialik, Jaroslaw Walkowiak
In welchem Jahr wurde die Studie publiziert?	2015
Welche Forschungsfrage wurde untersucht?	Welche Effekte haben Ausdauer- bzw. Kraftausdauertraining auf die Anthropometrie, die Körperzusammensetzung, die körperliche Leistungsfähigkeit und die Kreislaufparameter bei adipösen Frauen?
Mit welchen Versuchspersonen wurde die Studie durchgeführt?	Mit 44 Frauen mit abdominaler Adipositas
Wie sah der Versuchsaufbau der Studie aus?	Die Frauen wurden in 2 Gruppen aufgeteilt und absolvierten 3 Monate lang 3 –mal pro Woche 60 Minuten lang entweder Ausdauer- oder Kraftausdauertraining. Vor und nach den 3 Monaten wurde die Dual-Röntgen-Absorptiometrie und der Graded Exercise Test durchgeführt. Relevant für die Literaturrecherche sind lediglich die Ergebnisse der Frauen, die reines Ausdauertraining absolvierten.

15

Welche relevanten Ergebnisse und Schlussfolgerungen lieferte die Studie?	Es wurden signifikante Abnahmen des BMI, der Gesamtkörperfettmasse, und des Taillen- und Hüftumfangs festgestellt. Es gab signifikante Zunahmen der maximalen Sauerstoffaufnahme und der Zeit bis zur Erschöpfung. Es gab eine merkliche Abnahme der Ruheherzfrequenz und des Blutdrucks bei Ruhe sowie bei Belastung. Es konnte ein positiver Effekt auf anthropometrische Parameter, die Körperzusammensetzung, die körperliche Leistungsfähigkeit und die Funktion des Herz-Kreislauf-Systems bei adipösen Frauen nach regelmäßigem Ausdauertraining festgestellt werden.

5 Literaturverzeichnis

American College of Sports Medicine. (2006b). *Guide-lines for exercise testing and prescripiton* (5. Aufl.). Philadelphia: Lippincott Williams & Wilkins.

Eifler,C. & Kettenis,L. (2020). *Studienbrief Trainingslehre II* (rev.23.040.000). Saarbrücken:Deutsche Hochschule für Prävention und Gesundheitsmanagement.

Gimbel,B. (2014).*Körpermanagement* Berlin Heidelberg:Springer.

Haber,P. & Tomasits,J. (2006). *Medizinische Trainingsberatung. Anleitung für die Praxis* Wien:Springer.

Hottenrott, K. & Neumann,G.(2016). *Das große Buch vom Laufen* (3. Überarbeitete Aufl.). München: Meyer&Meyer Verlag.

Institut für Prävention und Nachsorge. (2004). *IPN-Test® – Ausdauertest für den Fitness- und Gesundheitssport*. Köln: Institut für Prävention und Nachsorge (IPN).

Löllgen,H., Erdmann,E. & Gitt,A.(Hrsg.). (2010). *Ergometrie Belastungsuntersuchungen in Klinik und Praxis* (3. vollständig überarbeitete Aufl.).Heidelberg:Springer.

Mancia, G., Fagard, R., Narkiewicz, K., Redón, J., Zanchetti, A., Böhm, M. et al. (2013) ESH/ESC Guidelines fort he management of arterial hypertension; the task force for the management of arterial hypertension oft he European Society of Hypertension (ESH) and the European Society of Cardiology (ESC). *Journal of Hypertension*, 31, 1281-1357.

Olivier,N., Marschall,F.& Büsch,D.(2016). *Grundlagen der Trainingswissenschaft und – lehre* (2. Überarbeitete Aufl.). Schorndorf:hofmann.

Ratajczak,M., Skrypnik,D., Bogdański,P., Madry, E., Walkowiak,J., Szulińska,M. et.al. *Effects of endurance and endurance -strength training on endothelial function in women with obesity: A randomized trial.* (2019).

Skrypnik, D., Bogdański,P., Madry,E., Karolkiewicz,J., Ratajczak,M., Kryściak,J., et. al. (2015). *Effects of endurance and endurance strength training on body composition and physical capacity in women with abdominal obesity.* Freiburg:Karger.

Trunz, E. (2001). *IPN-Test® – Ausdauertest für den Fitness- und Gesundheitssport. Köln, Institut für Prävention und Nachsorge.* Köln.

Vestweber,M. & Schmitt,B. (2021).*Welcher Puls ist normal?* Zugriff am 04.02.2021. Verfügbar unter https://www.herzstiftung.de/ihre-herzgesundheit/das-herz/welcher-puls-ist-normal

World Health Organization. (2000). *Obsesity:Preventingand managing the global epidemic. Report of a WHO Consultation.* Geneva: Technical Report Series 894.

Zägelein,W.(2013).*Move for life.Gesund durch Bewegung* Berlin Heidelberg:Springer.

Zintl, F. & Eisenhut, A. (2001). Ausdauertraining. Grundlagen Methoden Trainingssteuerung (5. überarb. Aufl.). München: BLV.

6 Tabellenverzeichnis

BEI GRIN MACHT SICH IHR WISSEN BEZAHLT

- Wir veröffentlichen Ihre Hausarbeit, Bachelor- und Masterarbeit

- Ihr eigenes eBook und Buch - weltweit in allen wichtigen Shops

- Verdienen Sie an jedem Verkauf

Jetzt bei www.GRIN.com hochladen und kostenlos publizieren